AF583164

Somos los dos o nada

Superar el duelo con los ojos del corazón

Patricia Andrade Domínguez

EDIQUID

SOMOS LOS DOS O NADA

Editado por: Corporación Ígneo, S.A.C.
para su sello editorial Ediquid
José Olaya 169, ofic. 504, Miraflores. Lima, Perú
Primera edición, abril, 2024

ISBN: 978-612-5142-45-0
Impresión bajo demanda

Hecho el Depósito Legal en la Biblioteca Nacional del Perú N° 2024-02374
Se terminó de imprimir en abril del 2024 en:
ALEPH IMPRESIONES SRL
Jr. Risso Nro. 580 Lince, Lima

www.grupoigneo.com
Correo electrónico: contacto@grupoigneo.com | Teléfono: +51 955 071 270
Facebook: Grupo Ígneo | X: @editorialigneo | Instagram: @grupoigneo

Colección: Nuevas Voces

Contenido

Este libro se lo dedico a todos aquellas personas
que sienten y viven con el dolor
de perder a un ser amado.
En especial a todos aquellos corazones
que buscan consuelo y luz en sus vidas.

Muchas gracias a mis padres, familia, amigos
y estudiantes, por su apoyo incondicional.
A mis estudiantes por preguntar constantemente
por este libro. La lección me la dieron ustedes:
no desistir de los sueños. Infinitas gracias.

Somos los dos o nada

El nombre de este libro, *Somos los dos o nada,* nació de Carlos, quien fue el creador de esta hermosa frase. Un día, salió de su boca para expresar la plenitud de su amor y que cualquier acción que él hiciera sería a mi lado. Siento que, con este libro, cumplo con la entrega de un mensaje y rindo homenaje a lo que fue nuestra frase.

Gracias, Padre Altísimo, por tu inmenso amor, por sanarme, por abrir mis ojos espirituales, por considerarme digna de ti para revelarme tantos secretos y escribirlos en este libro, cuyo nombre trasciende, y mi amor por ti crece.

«Se murió». Eso fue lo que salió de la boca de quien tuvo que darme la triste noticia aquel jueves 14 de junio de 2018, el día en que mi vida se detuvo y nunca más volvió a ser la misma.

Recibí aquella infausta noticia y quise volverme loca. Eso fue lo que sentí, confundida, por momentos creí que fue un error o un mal sueño y que despertaría y lo encontraría durmiendo a mi lado, lo abrazaría y mi miedo se iría.

Pero fue real, todo fue real. La noticia en los diferentes medios de comunicación confirmaba el hecho: un accidente automovilístico, tres profesores fallecieron. Todo lo que siguió desde aquel momento fue doloroso y confuso, ya que la mente se volvió frágil. Desmoronada, lloré.

Evitaré ahondar en lo que significó ver su cuerpo en aquella habitación, el dolor y lo difícil que resultó la despedida de un cuerpo. Cuerpo que hasta hace poco había estado sintiendo a plenitud, con su calor, presencia... y vida. Tampoco relataré lo que significó su velatorio y funeral, pues ahí tuvimos que cantar su cumpleaños. Porque lo que quiero contarles es distinto y maravilloso, algo que se aleja del dolor, del sufrimiento y del llanto.

Les contaré lo que he vivido cada día, y lo que impulsó mi crecimiento, a seguir viviendo, a valorar y apreciar la vida, pero sobre todo a sentirme otra vez feliz.

Compartiré lo que descubrí de manera paulatina con cada una de las apariciones de Carlos, a través de los sueños y con la ayuda de Dios. Conocerán que las vivencias derivadas del duelo aportan distintas emociones, afectos, pensamientos y visiones más profundas y enriquecedoras que el sufrimiento. Para quienes viven en el dolor y lloran por la muerte de su familiar, amigo o amado, les demostraré, con mi experiencia, que se puede seguir, porque aquí ¡nadie ha muerto!

Volver sola a casa

Cuando entré otra vez a la casa, fue difícil, porque Carlos ya estaba ausente. Aquella fue nuestra cálida habitación por tantos años, ahora la sentí fría, silenciosa y gigantesca. Busqué consuelo en aquel espacio de la cama, en aquel vacío, en aquella ausencia física. Lo busqué entre sus objetos personales y ropas, pero solo encontré ausencia. Olvidé dormir las dos noches posteriores a la partida de Carlos de esta vida, pero recuerdo bien cuándo y cómo la noche y la oscuridad comenzaron a ser mis mejores amigas.

La primera semana desde su muerte, la pena y la rabia fueron las mejores compañeras de aquel viaje sin retorno. Fue en aquella mezcla de sentimientos y emociones cuando la rabia se apoderó de la razón y del ser. Recuerdo que estuve en la habitación sola, ya que evité que mis hermanas durmieran conmigo para consolarme. Desistí de aquella compañía sustituta. Desconsolada, lloré y busqué respuesta a la desgracia. Dormí luego de tanto llorar, hasta que desperté a las cinco y media de la madrugada, todo oscuro y en silencio.

En aquel profundo silencio, escuché que alguien bajó la escalera desde el segundo piso. Cerré los ojos y sentí que alguien caminó alrededor de la cama, luego sentí un gran escalofrío, y sonriendo dije:

—Es Carlos. Al fin, mi gatito.

Así lo llamé en la intimidad, como pareja. Vino a verme, sentí que se acostó al lado, donde siempre fue su lugar en nuestra cama. Sentí su abrazo y el mentón sobre mi cabeza, y ambos nos pusimos a llorar. Sentí cómo mi gatito lloró, nos amamos tanto que para ambos fue difícil dejar de estar juntos en este mismo plano vital.

Abrí los ojos y desapareció. Ahí entendí que había una regla: si quería seguir sintiendo su presencia, debía mantener los ojos cerrados. Lloré durante todo aquel día, anhelé que llegara pronto la noche, porque sabía que estaría con Carlos.

Llegó la noche, acostada seguí llorando, sin comprender mi desdicha. Al fin dormí y las horas pasaron, hasta que alrededor de las cinco de la madrugada desperté. En la oscuridad y en el silencio, sentí un escalofrío, lo cual avisó que era el momento de cerrar los ojos. Sonriendo, dije: «es Carlos».

Sentí que se acostó a mi lado, esta vez lo pude ver, pero sin tener los ojos abiertos, es decir, sentí y visualicé en mi mente una silueta oscura; delgado y alto, pero que dentro de su oscuridad tiene luz propia como para poder verlo en la oscuridad de la noche. Esta vez se acostó sobre mí y nos abrazamos, sentí que estaba sin ropa, toqué su espalda, estaba fría, sin vida, y tuve la sensación de que su espalda era blanquísima. Esa noche nos abrazamos por unos segundos y desapareció.

Al despertar, el dolor fue aún más desgarrador. Interioricé múltiples preguntas: ¿dónde estará? ¿Sabrá que está muerto? ¿Qué sentirá? ¿Estará sufriendo? ¿Se habrá dado cuenta de que murió? ¿Sentirá dolor? ¿Habrá pensado en mí, en aquellos últimos segundos de su vida? Y así, diversos interrogantes dieron vueltas en mi cabeza, al final sirvieron para infligirme daño, como si fuese insuficiente el dolor que ya sentía, mi mente impulsó pensamientos para que mi corazón dejase de latir.

En aquel mar de llanto y pena estuve por tres días más, y aquella vez la oscuridad me desconsoló, un proceso distinto ocurrió... ¿Por qué dejó de venir? Todo fue incomprensible.

Desde pequeña he creído en Dios, Carlos fue católico practicante. Recuerdo que cada vez que decía una frase o mensaje, terminaba diciendo «si Dios quiere». Cada vez que entrábamos a alguna iglesia, se hincaba y se persignaba, rezaba, le gustaba sacarles fotos a las figuras religiosas. Cuando fuimos a Brasil, lo único que le importó fue conocer al Cristo Redentor. Siempre sentí aquel amor que Carlos le tuvo a Jesús, su fe fue grande.

Tanto amor y fe en el Señor, ¿para qué? ¿Le sirvió? Fueron preguntas que hice durante una de aquellas noches posteriores a su muerte. Sentí una rabia intensa, fue tal mi ira contra Dios que renegué de él, sentí que todo fue una farsa, que el amor que atribuyen a su nombre era mentira. Si hubiese sido cierto, ¿cómo permitió que su hijo muriera?

Sentí desilusión. ¿Ha sido toda una mentira en la cual he vivido? ¡Qué tonta he sido en mi vida! ¿Cómo creer en él? ¡Ha sido un invento del hombre! Y así estuve en mi habitación, sentada en la cama, maldiciendo a todos, e incluso manifesté enojo con Carlos, porque dejó de venir. Apagué las luces y traté de dormir sin esperar nada, al pasar las horas desperté a las cinco y media, otra vez, la misma hora.

Con mis ojos abiertos y sin ver nada en la oscuridad y el silencio de la noche, sentí un escalofrío, cerré inmediatamente los ojos, seguí la regla... sentí el escalofrío por todo mi cuerpo, sonreí, ya sabía quién venía. De inmediato entré en un sueño profundo, recuerdo que para mí fue más que una manifestación onírica, constituyó el medio a través del cual hablé y toqué a Carlos, una realidad y experiencia extraordinaria.

Abrí los ojos y vi a Carlos sentado en la cama, observándome, sin sus lentes puestos, llevaba una polera roja, lo miré y comencé a gritar de felicidad:

—¡Carlos, te puedo ver! ¡Te puedo ver!

Le toqué los brazos, fue increíble. Siempre supe que estaba muerto y que ya dejaría de verlo en este plano físico, pero al fin lo volví a ver, fue maravilloso, sentí una alegría extraordinaria.

Lo toqué y le pregunté:

—¿Dios existe?

Y Carlos, moviendo la cabeza, lo afirmó:

—Sí.

—¿Existe el cielo?

Y movió la cabeza y dijo:

—Sí.

—Entonces —le dije—, llévame a conocerlo.

—¿En serio?

—Sí.

Entonces extendió su mano y la tomé, sentí que fui elevada, de hecho, miré hacia abajo y vi mi cuerpo en la cama, sentada llorando, cuando renegué de Dios.

Llegamos a un lugar de recepción, en el cual toda la gente que murió, llegaba, miré y hubo filas interminables detrás de mí, detrás del mostrador una mujer atendía y pidió un tipo de código. Fue incomprensible. Se molestó y respondió, explicándome que eran mis iniciales, como se las negué se retiró del lugar, llegó a su reemplazo un hombre, con lentes y bigotes y preguntó:

—¿Te atendieron?

—No.

Entonces pidió mis iniciales, lo miré y le dije:

—Es que estoy viva.

—Ya, pase.

Entré a una ciudad con montañas llenas de casas, incluso en los picos de aquellas, una ciudad como cualquier otra ciudad conocida. Comencé a caminar y encontré una marcha, parecía extraña aquella marcha allí, y una mujer se dio vuelta porque escuchó la reflexión y respondió: «nosotros somos de otra religión, creemos en la reencarnación».

Proseguí la caminata y miré hacia las montañas y detrás de aquellas divisé una cúpula dorada, y frente a aquella, en las alturas unas nubes hermosas, y entre las nubes rayos de luz, ahí caí en cuenta que Carlos tenía que transitar un largo camino para llegar al otro lado de aquella montaña donde estaba la gran cúpula para entrar a aquellas nubes, donde estaba el Señor.

Fue hermoso, seguí transitando sola por un camino de tierra que fue bordeando las montañas, y apareció una mujer vestida de blanco que tiró alrededor de cinco cuchillos y tuve miedo. Luego se los arrojé y tiró otro cuchillo que entró en mi cuello, lo saqué y dije para mí misma «estoy viva». Se lo devolví de nuevo, ella se escondió y ya quedé tranquila.

Seguí caminando y llegué a una alameda, y ahí reapareció Carlos, se acercó y oxigenó mi cuerpo con su boca, y en eso estaba cuando comencé el descenso, volví a mi cama. Cuando bajé, rogué que mi hermana hubiese ignorado todo y no me hubiese llevado al hospital, porque en la tierra existe otro tiempo distinto a este otro plano. Sigo descendiendo hasta que divisé el cuerpo en mi cama y desperté.

Desperté y ya eran las nueve y media de la mañana. Sentí que fui la persona más feliz del universo, sentí bendiciones, agradecimiento y a la vez arrepentimiento por haber renegado de Dios. Desde aquel instante, prometí nunca más volver a desconfiar del Señor o de atentar contra mi vida. Estuve mal los días previos a aquella noche, pues se había metido en mi cabeza una solución a mi desgracia: el suicidio. Sin embargo, Carlos me brindó una lección aquella noche.

Conté lo soñado a varias personas, entre mis familiares y amigas. Ignoro cuántos creyeron, cuántos pensaron que estaba enloqueciendo o cuántos pensaron que tal vez mi mente hizo que fantaseara aquella noche.

Reconozco que fue mi salvación, mi vida giró ciento ochenta grados, y agradecí hasta el infinito que fue para bien. Desde aquel día, pedí de corazón disculpas a Dios, y el dolor y la pena disminuyeron.

Entendí que Dios nos dio libre albedrío en esta tierra. Las muertes, las violaciones, los asesinatos, el hambre, entre tantas otras calamidades y tragedias que aquejan al ser humano están en manos de los hombres. Dios está distante de estas tropelías terrenales. Nos deja libres, seremos juzgados en la otra vida si queremos llegar a la gran cúpula o quedarnos en aquella ciudad. Así de maravilloso es. El infierno es falso, el mal está acá en este mundo, está en las personas, en esta vida, en la otra vida hay plenitud y bondad.

Todo el mundo sufrirá contratiempos en la vida. Cuanto más dolorosos sean, más aprenderemos y maduraremos.

Pasaron los días y con ellos el efecto del sueño que, por desgracia, fue desapareciendo, y otra vez estuve sumergida en el dolor y en el llanto. Pareciera que el ser humano evita ver o aprender, son evidentes nuestras limitaciones debido a que desentendemos las vivencias y más aún aquellas manifestaciones de Dios.

Fue tanto el dolor otra vez, por la ausencia de mi gatito: dejar de sentirlo, tocarlo, verlo llegar cada tarde después del trabajo a la casa. Dejé de comer, lo consideré poco importante. En mi vida prevaleció la noche, la oscuridad y el silencio.

Fue así cómo, todas las noches, Carlos regresó a la misma hora. A veces fueron escalofríos y otras sentí un viento fuerte en mi cabeza, mi pelo se movió. Luego paró el viento y sonreí, y entré de inmediato en sueños. Vi a Carlos acostado a mi lado durante unos segundos y desperté.

Una noche hubo un cambio, acostada, oré, apagué la luz y dormí. Entre las tres y cinco de la madrugada, desperté. Sentí el escalofrío, cerré de inmediato los ojos y percibí una silueta de hombre que se acostó sobre mí. Olvidé si dormía o lo estaba viviendo. Le tomé la cara a este ser y acercó su frente a la mía. Llorando con rabia, le pregunté:

—¿Cuándo partiré contigo?

—Bueno, hija...

Abrí los ojos y encendí la luz. El miedo se apoderó de mí. Sentí que algo estaba mal: Carlos jamás me dijo «hija». Sentí en aquel momento que fue otro quien llegó aquella noche. Deseé tanto verlo que quizás otro ser aprovechó el portal que teníamos los dos. Desde aquel momento, dejé de esperar la noche y mantuve la luz del dormitorio encendida.

Pasé una semana con miedo y dejé de sentir la presencia de Carlos, porque la luz siempre se mantuvo encendida. Algunas veces fui a quedarme en las casas de mis hermanas o amigas. Otras, armada de valor, apagaba la luz y sentía pasos así como un débil escalofrío, pero nada más.

Decidí entonces rezar más y rezarle a Carlos. De hecho, rezando con el corazón en la mano, lo dejé ir, le pedí que dejara de venir, que quizás debía dejarlo partir hacia aquel lugar maravilloso al cual llegaría y lo recibirían con los brazos abiertos. Mi amor por Carlos fue inmenso e intenso, pues haría todo para que sea feliz, incluso en la otra vida. Aunque eso me causara sufrimiento, sería poco relevante.

Comencé a rezar más, pero de corazón, sin repetir oraciones de memoria, esperé en mis oraciones ser escuchada.

Mi fe se fortaleció, y al cumplir ya un mes del fallecimiento de mi gatito, decidí vivir de nuevo en nuestra casa. Esta vez estuve sola. Y volví a apagar la luz, volvió a mí la seguridad y el miedo se alejó. Esta vez se fueron los escalofríos o las presencias, ahora las visitas fueron por intermedio de los sueños.

La vida es un regalo de Dios y él quiere que la disfrutemos,
que encontremos la paz y la felicidad en ella.
Y nos manda muchas señales para ayudarnos.

La mujer más optimista del mundo, Mario Reyes

Los sueños

Fue así como una noche soñé que estuve en la habitación de la que fue mi casa en la infancia, acostada, desperté en el sueño y vi que Carlos estaba a mi lado trabajando en su computador. Miró el reloj y vio la hora: eran las cinco y media de la madrugada. Le dije:

—Carlos, ya es tarde.

Él cerró su notebook y se acostó a mi lado.

—Si necesitas entregar un trabajo importante, pásamelo a mí, se lo doy a Iván —quien era colega de Carlos.

A lo que respondió:

—Bueno.

Mirando su rostro, acaricié su mejilla, vi cómo le corrieron las lágrimas por su mejilla. Volví a acariciarlo y le pregunté:

—¿Me recordarás?

Desperté.

Durante el día, trataba de distraerme, salir a algún lado, leer, etc., tener la mente ocupada. Aunque reconozco que siempre pensé en Carlos, el dolor estuvo en mis entrañas, fue indescriptible con palabras, aquellas sensaciones han sido inexplicables. Hay que vivirlo y sentirlo para entenderlo.

Recuerdo que una noche estaba en mi habitación acostada, y comencé a rezar, le conversé al Señor:

—Haz un milagro. Permite que Carlos venga en mis sueños y que lo pueda abrazar, besar y conversar. Si tú, Señor, permites eso, aceptaré lo que tengas preparado en esta vida.

Lo deseé tanto y de corazón que esa misma noche el milagro se hizo realidad, en mi sueño apareció mi gatito acostado al lado mío, lo abracé y nos dimos tres besos. Él sonrió. Le pregunté por el accidente, si había sufrido. Él dijo que todo fue imperceptible, fugaz e instantáneo y que el dolor estuvo ausente. Luego le pregunté si Pablo era el culpable del accidente y movió la cabeza, afirmando más o menos, pero quien más tuvo la culpa fue otra persona. Olvidé el nombre que dio. Luego le dije:

—Pero nada más iban ustedes tres en el auto.

—Sí, pero él nos dio un atajo.

—¿Y él dónde está? ¿Trabaja en la universidad?

—Sí, aún debe estar trabajando ahí en la universidad.

—¡Ya! Quiero olvidar, porque soy la que sigue aquí y queda sufriendo.

—¿Qué hora es?

—Son las cinco y media.

—Ya tengo que irme, hasta esa hora es el permiso —y luego agregó—. Ahora iré a ver a mi papi —y desapareció en el sueño.

Y así, a cuentagotas, fueron pasando los días, eternos, pero pasaron; y así se cumplieron dos meses del fallecimiento de Carlos. Durante aquellos dos meses, encontré refugio en mis amigas, en la familia y en especial en Simón, nuestra mascota: un perrito salchicha con el que he rabiado hasta la hartura pero que amo. Ha sido mi fiel compañero y hemos sufrido la ausencia de Carlos. Hubo tardes en las cuales, de manera vana, esperó a que llegara Carlos del trabajo, pero me miraba como si me preguntara «¿por qué dejó de venir?». Estuve preocupada por la tristeza de Simón:

hubiese lamentado perderlo, pues es quien ha quedado de la familia que tuvimos.

Durante una noche de agosto de aquel año, tuve otro sueño, pero esta vez con un mensaje esperanzador y maravilloso: soñé que Carlos apareció conmigo en un camino largo, vestía formal, listo para irse al trabajo.

—Llama a Iván para que pase a buscarme por la casa —me dijo.

—¿Cómo voy a llamarlo? ¡Creerá que estoy loca!

—Llámalo.

—¡Carlos, ya!

En el sueño sabía que estaba muerto, pero él me dijo:

—Estoy vivo, he resucitado...

—¿Pero cómo? ¿Si Jesús resucitó a los tres días y tú, que ya han pasado dos meses, cómo vas a resucitar?

—Estoy vivo, estoy vivo.

Al acercarme, lo toqué y sentí la carne, los huesos, sí, ¡estaba vivo!

Pasaron varios meses y, de manera lamentable, llegó la fecha de nuestro aniversario; nueve años hubiéramos cumplido. Cómo deseé tenerlo a mi lado, abrazarlo y cenar los dos como solíamos hacerlo para fechas importantes como aquella. Esta vez fui al parque con un ramo de rosas rojas y con un globo que decía «Te amo». ¡Qué triste aniversario! Todo aquel día fue melancólico. A ratos rodaron lágrimas por mis mejillas, pero fui fuerte.

A pesar de la pena, la rabia, la soledad y la angustia que he padecido, he considerado mi fortaleza a pesar de todo. Sigo sonriendo. Todo se debe a lo que ha pasado, a las diferentes señales o mensajes que he recibido y que han ayudado a tener fe y a creer en Dios; a comprender que todo existe, a mantener la certeza de que hay otra vida después de la vida. Me causa disgusto el concepto de muerte.

Los mensajes que he recibido son a través de los sueños, un buen medio para comunicarnos. Para algunas personas es nuestro subconsciente, para otras es nuestro cerebro el creador de todo, para mí es Dios que nos revela e ilumina. Y es a través de Él que nuestros seres queridos que ya se han ido pueden comunicarse con nosotros. Otra forma de verlos es estando dormidos, ya que despiertos son tantas nuestras limitaciones que es imposible ver. Es mediante los sueños que he visto maravillas... ¿Cómo puede ser que un sueño muestre dimensiones que nunca he imaginado? ¿Que muestre lo que nunca he visto? Es grandioso que un sueño revele tanto. A veces es inútil recordar todo el sueño: basta recordar el mensaje que entrega.

Recuerdo el mensaje del sueño que referiré acá. Era un atardecer, había bastante viento, miraba el cielo y las nubes eran grises; se aproximaba una tormenta. Veía entrar y salir a mis hermanos, mi mamá andaba de viaje. Estuve asustada de que tuviera un percance por el mal clima.

De pronto, sonó el teléfono y dieron la noticia: tuvo un accidente, murió. Gritaba, lloraba incrédula porque, otra vez, estaba pasando esto. Para algunos fue increíble, vi la cara de mi papá desconcertado. Caminé por el campo, sentía el viento fuerte que chocaba en mi rostro, pronto se acercaría la tormenta, las nubes corrían rápido. De repente, veía unas luces que se movían como una medusa. Eran hermosas. Trataba de tomarlas y se convertían en un collar, y recordaba que era idéntico al regalado por mi mami. Caminaba de vuelta a la casa, entraba y escuchaba a lo lejos un grito... Era mi nombre.

—¡Paty!

Salí a ver y divisé a lo lejos en el cerro que venía mi mamá caminando y gritando mi nombre, ¡estaba viva! Una vez que llegaba a mi lado, le dije llorando:

—¡Estás viva!

—Dios me ha brindado otra oportunidad, para evitar que sufras.

En eso se acercó mi hermana Ruby y dijo:

—Eso es para que creas más.

Desperté, asustada, y pensando en el sueño. Recordé cada detalle, cada sensación, cada palabra y, sobre todo, el mensaje... ¡creer más!

Mi fe ha mantenido mi fortaleza, he sido valiente, y así he estado cada día, a cada instante recuerdo a Carlos, he pensado en él en todo momento, lo busco en la multitud, en mis recuerdos. Lo extraño...

Otro sueño, y se repitió el mismo mensaje... Apareció Carlos. Se acercó y dijo:

—He resucitado.

Lo podíamos ver sus padres, amigos, familiares. Estuvimos felices con la noticia, había que contarlo, sobre todo a sus alumnos del Salesiano. Convocamos a la gente y la prensa para mostrar a Carlos, para que creyeran que la muerte es inexistente, que la vida existe. Hubo una multitud, divisó a sus alumnos, todos impacientes de ver que volvió de la otra vida.

Hizo su aparición y nos saludó, nosotros contentos, pero de repente vi las caras de enojo de la gente. De pronto pude ver con los ojos de ellos: Carlos era invisible para ellos, solo nos veían a nosotros. Comprendí en el sueño que no todas las personas pueden ver con mis ojos. Algunos son ciegos desde el corazón, desentendidos, para algunos la pérdida de un ser amado es ficticia o irreal, otros desestiman que haya una vida después de la vida.

Como creo en una vida después de esta, con un lugar maravilloso, y que Dios nos esperará a todos, necesité saber cómo estaba mi gatito y dónde. Es por eso que una tarde, estando con Anto y Pablito (amigos desde la universidad), fuimos al cerro la Virgen de Talca. Aproveché para hacer una manda, le pedí a la Virgen:

—Déjame ver a Carlos. Déjame saber cómo y dónde está.

Aquello fue lo que más cobró importancia, a cambio subiría el cerro caminando y le traería una plaquita por el favor concedido. Reconozco que, aun sabiendo la respuesta a mis preguntas, porque Carlos ya lo había dicho en los encuentros anteriores, quise más. Eso suele pasar en las primeras etapas del duelo, nada es suficiente.

Pasaron dos días y experimenté un suceso hermoso. Estuve en mi habitación y desperté alrededor de las cinco y media de la madrugada, fui al baño y volví a acostarme. Quedé entredormida cuando sentí un ruido, alguien bajó fuerte la escalera. Pensé que habían sido los vecinos que hicieron tanto ruido que se pudo escuchar desde mi casa, pero de pronto vino un pensamiento: podría ser Carlos. Creo haber escuchado que entró a la habitación, luego sentí un escalofrío. Quedé dormida y de inmediato comenzó el sueño: vi a Carlos feliz. Sonrió, nos abrazamos, hablábamos. Luego lo vi al lado de mi suegra y conversaron, los despedí desde lejos, ella no comprendió por qué los despedí.

Luego estuve junto a Ruby, mi suegra y Carlos. Él nos contó que todo es verdad, que Dios nos dejó sus enseñanzas en la Biblia. Nos contó todo eso con alegría, siempre sonriendo. Lo miré como el primer día que lo conocí, mi mirada hacia él fue amorosa. Luego vino el momento de irse y comenzó a caminar, vi cómo flotaba y se perdió por la puerta de la entrada de la casa. Salí para verlo irse, miré al cielo y vi una maravilla, que nunca he imaginado despierta, ni he visto en alguna película.

De las nubes salieron personas que volaron, fue una multitud que se fue en una misma dirección, todos felices. Eran personas que habían venido a despedirse de sus seres queridos. Vi un cielo maravilloso, nubes esponjosas, luminosas, y en ellas gente, yéndose en una misma dirección. De pronto vi con ojos de aquellos que son incrédulos y vi infinidad de palomas volar todas juntas en una misma dirección, luego volví a ver con mi corazón y vi a las personas. Fue hermosísimo este sueño, lo más cerca de Dios que estuve, y de ver que todo existe, que hay otra vida.

Desperté.

Pasaron cuatro meses y la pena persistió, fue inevitable dejar de sentirla, extrañar a Carlos, recordarlo, añorarlo para que estuviera a mi lado. Dentro del duelo hubo varias etapas, a veces avanzaba y de pronto retrocedía. Así estuve en aquel proceso de adaptación y aceptación.

Me encontré en la etapa de querer dejar este mundo y estar en la otra vida junto a Carlos. Cualquier persona en su sano juicio hubiera dicho: «¡está deprimida!». Sí, lo sé, estuve consciente de ello. Pero lo que quise y sentí, estuvo lejos de ser depresión: quise vivir en otro tiempo y espacio, anhelé experimentar aquella sensación de volar, valorar la hermosura, tener muchos sentidos, vivir en plenitud, vivir con Dios.

Confieso que ha sido difícil estar sola, sentirme sola, ver el reloj y recordar el horario de llegada de Carlos, qué hacíamos en cada hora, las maravillosas rutinas.

Sin embargo, algunas personas que, teniendo a esa persona a su lado, siempre se quejan de que ya todo es rutinario, pero ¿y si mañana se ausenta? ¿Si las rutinas se acaban de golpe? Ahí vendría el lamento, la pena, la rabia de haber desaprovechado y haberse quejado tanto. Por eso la frase es certera: «no sabes lo que tienes hasta que lo pierdes».

Debemos disfrutar cada momento con nuestros seres queridos. Debemos evitar sumergirnos en el trabajo, dejar la vanidad y la pretensión de ser los mejores a costa del abandono y el descuido afectivo; dejar de competir y presumir. Vivamos con sencillez, aprovechemos cada momento, los recuerdos son los que quedarán. Lo material, créelo, nos llevará a la vacuidad y al sinsentido.

Primera decisión

Decidí dejar de ir al parque. Quizás a algunos les molestó, otros lo aceptaron, pero cuando decidí dejar de asistir o, por lo menos, evitar la visita al cementerio o parque, solo quise apoyo. Los juicios u observaciones resultaron impertinentes fue un paso fundamental que di. En mi caso, dejé de ir porque Carlos está en otra dimensión, allá en el cementerio están nada más que los restos de su cuerpo físico. Sé que Carlos está vivo en otro lugar que desconocemos...

En el proceso de duelo, las personas, los amigos, los familiares, los conocidos, entre otros, suelen decir o abordar múltiples y variados asuntos, que creo que ni siquiera lo piensan o reflexionan. Dicen, por ejemplo, a días o meses del fallecimiento de manera impertinente e inadecuada: «¿Cómo estás?», a veces por respeto y por evitar mala educación. La pregunta es estúpida pero, en fin, se entiende que ignoran cómo entablar una conversación o cómo llegar a mí después de lo sucedido que se recurre a esa pregunta tan convencional e inoportuna: «¿Cómo estás?». Es una frase hecha, un cliché irreflexivo. La otra de tantas frases infelices es: «la vida sigue». Pregunto: ¿cuánto tardaron para llegar a tal reflexión? Por supuesto que todo sigue su curso, nada se detiene, ni siquiera las hormigas dejan de recolectar comida para el invierno.

Los que hemos vivido este dolor ocasionado por la pérdida de un ser amado sabemos que todo continúa, lo vemos con el corazón aunque esté roto. Y eso también da pena, porque vemos como todo sigue su curso en la vida, somos nosotros los que nos detenemos.

He tratado de seguir. Salgo, comparto con mis amigas, con mi familia, organizo cumpleaños, busco un lindo regalo y saco fotos, entre otras múltiples actividades. Lo bueno es que son los recuerdos los que más importan. Recordar las tardes de verano, aquel olor a tierra mojada después de la lluvia, las juntas familiares en cada fecha importante, los chistes, los bailes, los paseos al cerro, las peleas, los reencuentros, la comida, los abrazos... el aquí y el ahora.

—La vida sigue, Paty. Tú tienes un propósito en este mundo, tu hora vendrá después.

Ese es otro de los muchos temas que te tocan y he reflexionado en relación a ese aspecto. Tienen razón: tengo una misión, una labor, un propósito o como lo quieran llamar. Y creo que mi propósito ha sido precisamente este libro que tienes en tus manos: demostrar que hay otra vida, que Dios existe, que la muerte es física, porque al fin nos desprendemos de este cuerpo que nos limita, pero seguimos.

¿Lo ocurrido pasa por alguna razón o motivo? Lo ignoro. Quizás Carlos tuvo que irse primero para que yo brindase testimonio de lo que hemos visto y vivido. Algún día sabré la respuesta...

Si preguntaran ¿eres feliz? Les diría que sí, muchos estarían sorprendidos al leerlo, diciendo «pero, ¿cómo? ¡Si ha fallecido su amado!» dudando de mi dolor y el amor que sentí por él.

Me considero feliz porque tengo una familia numerosa. Todos están sanos y están acá en este plano conmigo. Disfrutamos cuando nos reunimos. Soy feliz porque soy una mujer fuerte, he pasado por varias situaciones dolorosas en mi vida y he salido adelante; he sacado fuerzas, soy admirable. Soy feliz porque tengo amigas que todos los días preguntan: «¿Cómo estás?». Sé que estoy en sus pensamientos. Agradezco, en especial, a Constanza Montecino que siempre ha escrito, ha llamado para saber cómo estoy. Siento alegría, sé que tengo una amiga espléndida.

Soy feliz porque tengo un techo, una cama con sábanas limpias, comida y dos angelitos con colas que son compañía: Saki y Simón. Y soy feliz porque puedo ver con el corazón lo que tú quizás has dejado de ver o verás después. Soy feliz porque amé de corazón y, aunque Carlos esté ausente en este plano físico, he sentido su compañía: ha estado a mi lado, con sus visitas y sus cuidados. Lo veo con el corazón.

Aquellos que han perdido a su ser amado, sientan su corazón, escúchenlo, libérense de su mente. Cuando logren hacer eso, vivirán situaciones extraordinarias. Como ya sabes, dejé de temerle a la muerte. Todo lo contrario: sé que un día llegará y será sublime porque ya sé quién me espera allá, adonde iré algún día.

Estando en mi habitación, desperté y caí en cuenta de que ya había amanecido por la luz que entraba por la ventana. Decidí seguir durmiendo. Sentí ruidos en la escalera, imaginando que serían los niños de al lado que van apurados a la escuela, pero de pronto tuve la sensación de que era Carlos.

Cerré los ojos y sentí el ruido que venía a la habitación, luego sentí un escalofrío y de inmediato entré en un estado onírico. Pero el sueño fue ahí en mi cama acostada, como si hubiese entrado a otro plano en el que pude comunicarme con mi gatito. Tuve leves escalofríos, sentí su cercanía, los escalofríos fueron y vinieron. Cuando se acercó, besó mi frente, sentí sus labios húmedos. Sonreí. Supe que fue Carlos, mi gatito.

Estuvimos abrazados y con los ojos cerrados. Le hablé, le dije: «Te amo, te amo». Y sentí que, al abrazarme, una lágrima cayó en mi hombro. Estuve triste, quizás Carlos extraña mi compañía, tal vez quiere estar acá, en este plano físico conmigo...

Luego se acercó —cada vez que se ha acercado se presenta primero el escalofrío— y olió mi cuello. Seguí hablándole, le dije cuánto lo amaba y quise irme con él. Recuerdo haberle dicho como dos veces «llévame...». De pronto, sentí que se fue y volvió el escalofrío, otra vez en la habitación. Tomándome de mi cama, nos elevamos. Llegué casi al techo y miré a la cama, vacía, con sus frazadas dobladas. Luego pensé: «¿Adónde iremos?», y sentí que nos elevábamos. Después tuve la necesidad de ver a Carlos y volví a mi cama, lo sentí a mi lado.

Con sus manos acariciando mi cara, le pregunté si podía abrir los ojos o mantenerlos cerrados. Movió mi cara con sus manos, afirmando. Le volví a preguntar y otra vez movió mi cara afirmando... Los abrí y ahí estuvo sentado a mi lado, mi gatito. Estuvo sin lentes, con su barba, con su torso desnudo, su piel transparente brillaba.

—¡Gatito!

Nos abrazamos...

Desperté.

Se han cumplido cinco meses. Este sueño fue aún más hermoso, cada vez son más los mensajes, las revelaciones...

Soñé con mi gatito que vino a verme y lo vi contento. Conversamos, le hice varias preguntas a las que respondió de manera telepática. Contó que todo es real, la otra vida existe.

—¿Es tangible todo? ¿Es real como este mundo?

—Todo es real en una vida como la que estoy viviendo. Se puede ir y venir a este mundo, esa es la libertad que me dan —me dijo.

Luego pregunté por Jesús y contó que existe, que todo es verdad. Conoció a Jesús, estuvo con él, le dio la mano como saludo.

—¡Jesús, es genial! Pero a Dios nadie lo ha visto. Jesús se comunica con el Padre. Es Él quien toma las decisiones y el hijo entrega el mensaje.

—¿Con quién estás? —le pregunté en un momento.

—Con mis abuelos, y pronto con mi papá.

Sentí pena y dije:

—Impídelo. Habla con Jesús para que lo posponga, porque Franko y la señora Mirian quedarían devastados —se trataba de su hermano y su madre.

—Es imposible, Dios ya lo determinó así.

Desperté.

Segunda decisión

A un año de su partida, decidí dejar de ir a la misa en conmemoración de su fallecimiento. Tampoco fui alguna vez a dejarle flores a la nimita que hay en el lugar del accidente. Creo que fue la mejor decisión, ya que ha sido suficiente con lo que se ha sufrido como para meter el dedo en la herida.

Querido lector, cuando alguien de tu familia decide eso, por favor, evita juzgarlo, respeta su decisión. Cada cual vive su duelo a su manera pues son personales.

Dejé de ir al parque. En realidad, he ido cuando siento la necesidad, cuando lo siento de corazón. Lo cual dista de significar que lo esté olvidando. Busco mi paz, mi salud mental y física. ¿Mirar una tumba acaso significa que esté más cerca de él o por eso le soy más fiel y honro más su memoria?

El último sueño

Una noche soñé que todo estaba a oscuras, fue como si estuviera ante una muralla negra. De pronto, la luz vino por medio de una hoja verde.

Ante tal oscuridad, todo se iluminó mediante una hoja. Al tocarla, se abrió, de pronto, otra dimensión donde había un paisaje hermoso, todo verde, praderas maravillosas. Corrí y volé.

Recordé tan bien aquel sueño que sentí el olor a la tierra, a las flores, todo fue felicidad plena. Fue un lugar hermoso y especial. Tuve la necesidad de ver a Carlos y de pronto lo divisé a lo lejos. Ahí estaba él, sentado en una banca a las orillas de un río.

Al acercarnos, nos fundimos en un abrazo, nos dimos un beso y conversamos. Contó que estaba excelente, que se divertía con sus alumnos haciendo clases, que tiraba sus chistes fomes y se mantenían serios. Al final, reían de lo fomes que eran. Recuerdo que nos reímos y nos dimos cariño. Miró y sonrió.

Desperté.

En esos momentos uno puede quedarse
en la negatividad y buscar a quién culpar,
o puede elegir sanar y continuar amando.

La rueda de la vida, Elisabeth Kubler-Ross

Tercera decisión

El tiempo ha pasado, ya son dos años y tres meses y he reflexionado sobre todo lo vivido.

En este tiempo, he tenido momentos malos y buenos. Sin embargo, desde hace un tiempo hasta ahora, ha sido más bueno. Creo que así será de ahora en adelante y evito que la pena domine mi vida.

Hay que esforzarse para poder seguir adelante, nadie viene a sanarte, debes tomar decisiones. Una de ellas fue decidir volver a mi vida, seguir luchando por lo que quiero: querer estar bien, concederme la posibilidad de ser feliz.

Sigue con tus sueños, cumple tus metas,
sigue con tu vida.

Nuevas revelaciones

Hace unos meses, estando en mi nueva casa, luego de mi teletrabajo, decidí tomar una siesta… Tuve un sueño hermoso.

Soñé que había un atardecer. Fui por un campo, todo verde, a lo lejos vi una casa pobre de madera. En ella supe que vivía un anciano solitario y le llevé agua en un recipiente.

Cuando estuve cerca de la casa, se desmoronó, y salieron muchos rayos de luz y palomas blancas. De pronto, alguien estuvo a mi lado, fue Jesús. Lo vi caminar y lo seguí.

Siempre lo vi de perfil, con una túnica de color terracota, su cabello color castaño que le llegaba hasta el hombro, una barba completa y ojos de color café. Él caminó y lo seguí, siempre a su lado, vi que éramos los dos. Vestía la misma ropa que usaba Jesús.

De pronto, en el camino, apareció una gran multitud: algunas personas caían arrodilladas ante su llegada, otros no vieron nada. Ahí comprendí que los incrédulos de corazón no verán nada, algunos lo verán llegar, para otros… sería apenas un día más.

Desperté.

Sentía una gran felicidad, paz y tranquilidad. Fue un sueño hermoso y agradecí la fortuna de poder vivirlo. Luego de aquel sueño, he estrechado aún más mi relación con Dios

Segunda revelación

Soñé que estaba en mi casa. De pronto, salí porque afuera estaba por comenzar una tormenta. Los volcanes erupcionaron, la gente peleaba entre sí y las aguas se agitaban. Al ver todo aquello, comprendí que era el fin y tenía que ayudarlos. Pero pensé: «¿Quién creerá en mí? ¿Cómo les demostraría que podía salvarlos?». De pronto, alguien hablaba... era una voz que decía:

—Despreocúpate, de a poco iré dándote ese poder para que te crean.

La tormenta había comenzado y ya todo fue un caos. Fui por la calle diciéndoles a las personas que se fueran por un camino. Por supuesto, no a todas, solo a los elegidos. Podía ver lo que había en sus corazones.

Como iba encontrando a muchos en el camino y me fue imposible ir con todos ellos, les pedí a dos hombres que elegí para que se fueran con aquellas personas y que, en el camino, fueran llevándose a más. Luego, encontré a una mujer y le pregunté:

—¿Crees en Dios?.

Respondió de modo negativo y, sonriendo —resulta indescriptible con palabras, el amor que sentí por las personas en el sueño, es un amor que está más allá del verbo—, le dije:

—Ve por mis perros y ándate por ese camino, Dios te perdonará.

Mientras que alrededor, la gente corría, gritaba, se mataban. Fue un caos...

En un local, atendido por un padre y su hijo, llegué y les dije:

—Síganme.

Me miraron y se negaron.

—Dios quiere verlos allá.

Y, aun así, se mantuvieron incrédulos. Para poder llevármelos, les dije asuntos personales e íntimos de su infancia que todos desconocían. Una vez que los escucharon, creyeron.

Después, fui a un hospital. En maternidad había dos mujeres con sus hijos recién nacidos. Dios también las quería allá. Llegué, las busqué, entré a la habitación y les dije:

—Síganme.

Ellas prepararon sus enseres rápido. De pronto, el agua ya había llegado a todos lados. Improvisé un tipo de bote y el agua inundó todo. A los segundos, salimos a flote.

La Tierra estuvo cubierta de agua. Hubo botes de aquellos que fueron elegidos, todos yendo en la misma dirección. Para demostrarles que fueron salvados, bajé del bote y caminé sobre las aguas —usé la misma ropa del sueño pasado—. Supe que si hacía eso, todos creerían. El agua fue mermando y llegamos a una ciudad rodeada de montañas, un lugar hermoso, de vegetación abundante, el día soleado. Todos bajaron de sus botes porque ya el agua había desaparecido.

En aquel lugar, cada uno tuvo su casa. Aquel lugar maravilloso nos esperaba. Vi a toda la gente que se salvó y dije:

—Salvé a ocho mil personas...

Luego se acercó un hombre que nunca supo lo que había hecho y preguntó:

—¿Tú eres cristiana?

—Sí.

—Ah, qué bueno, y pensar que todo esto comenzó un viernes...

Desperté.

Tercera revelación

En mi sueño, estuve en una habitación rodeada de personas, todos desconocidos. En el centro de la habitación había sillas, algunos estaban sentados. Era un ambiente silencioso e incierto, a la espera de que comenzara afuera una gran «tormenta».

De pronto, vi a alguien a mi lado: era Jesús abrazándome. Sentí su amor. Describirlo sería complejo, las palabras para darlo a conocer están fuera del conocimiento humano, lo que es y lo que se siente es inefable.

Observé su pelo castaño, que le llegaba hasta los hombros, sus ojos café, su barba larga, su nariz y su piel bronceada, su túnica de lino, blanco invierno y su paño rojo que envolvía su cuello. Abrazados, dijo:

—Vendré en el 3060, pero antes pasará otro evento.

Cuando dijo aquello, sentí alegría porque vendría al fin, pero luego pensé: «Pero estaré ausente para aquella fecha».

—Vuelve antes —le dije y desapareció.

Luego miré a los que estaban en la habitación, nadie vio nada. Les dije:

—Quiero que piensen en una situación o experiencia que los hizo muy felices, y recuerden lo bien que se sintieron.

Los miré y ellos, con los ojos cerrados, expresaron con sus rostros los momentos hermosos que vivieron.

—Cuando vivían eso, ¿qué fue lo primero que hicieron?

Algunos, con lágrimas que corrían por sus mejillas, respondieron:

—Gracias, Dios.

Otros se persignaron y uno dijo:

—Ahora entendí todo, todo tuvo sentido —y lloró.

De pronto, en el sueño, busqué a tres personas a las cuales Dios les entregó un mensaje en sueños y que servirían para entenderlo todo. La primera, una amiga de la infancia, Mónica: Dios le reveló que su luz y poder era como el sol. El segundo, mi padre: a él le dijo asuntos relacionados conmigo. Y el tercero era un matrimonio de cristianos que fueron en algún momento mis vecinos cuando vivía con Carlos: a ellos los veía en el sueño, pero me fue imposible llegar a donde estaban.

Desperté.

Luego de ese sueño, sentí confusión y temor. Pregunté de modo reiterado:

—¿Qué es lo que pasará antes?

Las respuestas se desvanecieron los días siguientes a aquel sueño. Hasta que una noche, antes de dormir, oré por las personas, y que otros conocieran y sintieran el amor de Dios. Dormida, soñé que llegó un pensamiento y dije:

—Lo que sucederá, será una gran prueba para las personas.

Hace tres años tuve otro sueño. Desperté despuntando el alba y, con resuelta predisposición, seguí durmiendo. Tuve un sueño hermoso y revelador.

Soñé que estuve en la casa del campo donde crecí. Todo estaba como en aquellos tiempos, pero esta vez había una piscina junto al gran palto que estaba al lado de la casa. Era una piscina nueva, con su agua muy limpia, mi papá la había hecho. Estaba sorprendida de que tuvieran una piscina, la casa pintada de blanco, el campo verde, con todos los árboles frutales que siempre tuvo y que tanto disfruté en primavera.

Estaba contenta de volver a esa casa junto al cerro. Recordé que allí estaban más personas, incluso desconocidas. Miré a cada rato la piscina y fue curioso que se instalara debajo de un palto. Luego caminé al otro lado del patio y miré al cielo. Ya estaba oscureciendo.

De pronto vi que, por el cielo, pasaron naves muy avanzadas en tecnología. Primero pasaron dos. La gran guerra se aproximó. En ese instante, mi hermano dijo:

—Hay otra ya lista.

Era una nave más futurista. Luego cayó del cielo un planeta en miniatura, Saturno. Era muy pequeño y explotó, pero fue inocuo por lo pequeño.

De pronto, todos corrieron a ocultarse porque el caos pronto comenzaría. Corrí y me oculté en algún lugar. Había unos galpones e intenté ocultarme en ellos, pero escuché un sonido de víbora, una especie híbrida de serpiente y lagarto de color negro que también se ocultó y, al verme, hizo un sonido de defensa. Salió de su escondite y se fue.

Decidí ocultarme en otro lugar, aun sabiendo que ya la serpiente se había marchado. Traté de esconderme detrás del galpón, pero de pronto pensé: «¿Por qué tengo que ocultarme?». Salí de ahí y fui hasta la casa. Entré y allí estaban mis padres y algunas hermanas. Les dije:

—Estaremos bien aquí, este lugar es el elegido.

Mis hermanas al fin creyeron y les dije con autoridad:

—¡Les dije que Jesús está con nosotros! ¡Les dije que vendría una mujer gritando que Dios la salve! ¡Les dije que esto sucedería! —pero se mantuvieron incrédulos—. Dios protegerá este lugar, nada de lo que ocurra en el mundo entrará en él, ya que Dios lo convertirá en un domo, y nadie desde afuera lo verá. Estaremos en otro plano, pero a la vez viendo lo que ocurrirá. Pasarán dos días para que vengan aquí…

Desperté.

Mariposa

Recuerdo que, cuando era niña, vivía en una casa humilde en el campo, cerca de un cerro, alejada de todo el ruido de la ciudad, sin vecinos. Estuve inmersa en el silencio y en la naturaleza.

Un día en el campo, comenzaba tomando un buen desayuno, ayudaba con los quehaceres de la casa y, una vez terminado, era sinónimo de tiempo de aventuras, como por ejemplo ir a ver los insectos en las plantas, ver y escuchar a las aves. Recuerdo que tenía una bitácora con todo el proceso de empollamiento de un tiuque, disfrutaba observándolo todo.

Cerca de la casa, había una laguna, donde vivían sapos y algunas ranas. La diversidad de insectos era incalculable ante mis ojos, miraba con detalle cada forma, cada movimiento de toda la vida que allí existía. Alrededor de la laguna nacían flores diversas y hermosas, tomé alguna para sentir su aroma.

Cuando estaba en aquel éxtasis contemplativo, un ser peculiar llamó mi atención. Era pequeño, frágil y a la vez imponente con su desfile de colores. Hizo que pasara horas mirándolo y siguiendo su vuelo: una mariposa de color rojo. Tenía un revoloteo rápido y delicado, sus colores provocaban en mí el deseo de tenerla en mi mano, fue difícil atraparla. Fue divertido observar una mariposa, porque cuando miras a una, de pronto aparecen otras, de diferentes colores, ignoras cuál seguir. Cuando la tenía en mi mano, observé cada detalle de su cuerpo.

Recuerdo que, de niña, sentía celos de las mariposas por sus colores y sobre todo por la gracia de su vuelo, admiraba su transformación porque parecía asombrosa. Era tanta mi obsesión por las mariposas que podía pasar un día entero buscándolas, persiguiéndolas. El tiempo pasó, crecí y con ello nunca volví a seguir mariposas, pero aún resonaban en mí los celos. Paradójicamente, la vida, en un momento dado, me llevaría a recordar el pasado y a emprender un viaje interior para comprender, posteriormente, el significado que tendría una mariposa en mi vida...

Sueños y más sueños, que magnifican la experiencia. Soñar con tantos significados y vivir sensaciones de paz y amor, son la medicina para este camino. El tiempo pasa y todo guerrero queda con cicatrices. Es el guerrero quien decide si carga con el ayer de la guerra o afronta lo vivido predisponiéndose a sanar y a disfrutar de la vida. Para mí, fue factible tomar una decisión.

Sanar requiere de valentía. Puedo asegurar que será difícil, mentiría si dijera lo contrario. Los sueños fueron mi trampolín para que en cada despertar tomara una decisión de cómo afrontaría cada día.

Cuando se ha vivido una experiencia traumática, como es despedirse de un ser amado, se emprende un viaje de crecimiento y de toma de decisiones. Algunos sucumben ante el dolor y la rabia, otros lo transmutan en amor.

En el camino dejarás personas atrás o te dejarán porque ya eres diferente. Alégrate por eso porque has comenzado tu viaje.

Cada sueño entregaba un mensaje revelador, lo que ha llevado a ver con los ojos del corazón a la vida, a Dios. Han pasado los años y mi paz, en parte, se ha gestado habiendo concebido que el pasado sea pasado, entendí que lo que haga con mi vida es mi responsabilidad, y eso también implicará cómo valoro al pasado y cuál será el recuerdo que llevaré conmigo. Desde aquel momento de la noticia hasta hoy, lo comparo con el ciclo de vida de una mariposa.

Pensé por un momento que mi etapa como crisálida sería para siempre. El capullo estaba hecho de enojo, negación y depresión;

pero en realidad todo fue parte del proceso para producir la asombrosa metamorfosis que permitió a la oruga modificar su aspecto... ahora entiendo por qué son tan bellas.

La mariposa, ha abierto sus alas, lleva consigo misma un cúmulo de experiencias vitales transformadas en aprendizaje, su revoloteo es amoroso y delicado. Mira a las demás orugas con empatía y compasión, ya que sabe que el viaje será complejo y que en el tiempo perfecto todo tendrá sentido.

Quisiera volver al campo y ver los ojos de esa niña contemplando a aquella mariposa roja y decirle:

—No tengas celos, mira en lo hermosa que te has transformado. Ahora tú tienes tus propias alas.

Espero que Dios siga manifestándose a través de mí, escribiré lo que Él quiera que escriba. Agradezco cada revelación, ya que fue gracias a ellas que proseguí. Sé que algunos no tienen la sensibilidad o el don para comunicarse con sus seres queridos que ya partieron a la otra vida, lamentando no volver a verlos mientras aún están en esta. Por lo mismo, mi historia será tu camino, tu transformación, tu fe en Dios y su promesa.

Esta vida es incomparable
con la que tú ofreces, Padre.
Estaré agradecida hasta en la eternidad.

EDIQUID

www.ingramcontent.com/pod-product-compliance
Lightning Source LLC
LaVergne TN
LVHW091236150826
845673LV00003B/1156

* 9 7 8 6 1 2 5 1 4 2 4 5 0 *